waar legt haar ei?

Martine Letterie
tekeningen van Marjolein Krijger

Z Zwijsen

de tuin van pauw

pauw woont in een tuin.
de tuin is bij een fijn huis.
er woont maar een man in.
die is vaak in de tuin.
hij leest daar vaak.
je hoort er dus niet veel.
de man doet niet veel aan de tuin.
de tuin lijkt wel een bos.
dat is fijn voor pauw.

op een dag is de man ziek.
zijn zoon neemt hem mee.
pauw mist de man in de tuin.
waar is de man met het boek?
het duurt en het duurt.
de man komt niet meer.
op een dag komt er wel een man.
het is niet de man met het boek.
het is een man met een zaag!
wat moet hij hier?
en wat doet hij met die zaag?
dat ziet pauw al gauw.

de man zaagt in de tuin van pauw.
hij zaagt een boom om.
dan zaagt hij nog een boom om.
het gaat maar door!
dat wil pauw niet!
dan is de tuin niet meer fijn.

weg uit de tuin

de zon komt weer op.
de man met de zaag is er ook weer.
pauw is boos.
dit gaat niet.
ze moet weg van de zaag.
ze wil een huis ver van de zaag.
dus gaat ze op zoek.
ze neemt niet veel mee.
er is ook niet veel van pauw.
maar er zit wel een ei in haar buik …

kijk, hier is ook een tuin.
is dat wat?
leg ik hier mijn ei?
er is maar een boom in de tuin.
en er woont al een dier.
hij woont in een hok.
pauw leest zijn naam op het hok:
nijn heet het dier.
dag nijn, zegt pauw.
ik zoek een huis.
pas ik hier ook in de tuin?
dan leg ik hier mijn ei.

nee, pauw, zegt nijn.
dat kan niet hier in de tuin.
dan zijn we met te veel.
en pas op voor boef.
die bijt.
kijk, daar is hij.

in het bos

dan gaat pauw maar weer op zoek.
dat duurt een poos.
maar dan is er een bos.
of is het een tuin?
het lijkt op de tuin van pauw.
het bos is bij een huis.
woont er ook maar een man?
nee, het is een huis voor meer.
pauw gaat ver het bos in.
daar is uil.

uil legt uit van het huis in de tuin.
ben jij ziek?
dan is dat een huis voor jou.
nee, zegt pauw.
maar ik zoek wel een huis.
uil weet er een.
kijk, bij die boom daar.
wat is er met je buik?
zit daar een ei in?
leg het maar gauw!
dat wil pauw ook.
het ei moet er uit.
gauw maakt ze het huis af.

op een dag loopt pauw door het bos.
daar is een man uit het huis.
hij is ziek.
de man ligt in het bos.
hij leest een boek.
het is de man van pauw!
hij woont ook hier.
dat is fijn.
dag pauw, jij ook hier?
ik woon hier met mijn ei, zegt pauw.

Serie 6 • bij kern 6 van Veilig leren lezen